www.tredition.de

AF196027

Jan Reichenbach

Meine 5 Säulen des Erfolgs

Wie du ein erfolgreiches und
ausgeglichenes Leben führst

© 2017 Jan Reichenbach

Verlag: tredition GmbH, Hamburg

ISBN
Paperback: 978-3-7439-8316-8
Hardcover: 978-3-7439-8317-5
e-Book: 978-3-7439-8318-2

Verlag und Druck: tredition GmbH, Hamburg

Inhalt

Teaser

In diesem Buch möchte ich dir meine fünf Säulen des Erfolgs näher bringen.

Stelle dir am besten ein Haus vor, welches aus fünf Säulen besteht.

- Säule 1 = Gesundheit
- Säule 2 = Persönlichkeit
- Säule 3 = Menschen
- Säule 4 = Karriere
- Säule 5 = Finanzen

Sind alle fünf Säulen ausgeglichen, ist dein Haus stabil. Fehlt eine Säule tragen die anderen vier Säulen das Haus. Fehlen zwei Säulen ist es nicht mehr ganz so stabil. Fehlen drei oder mehr Säulen bricht das Haus ein.

Abbildung 1: Meine 5 Säulen des Erfolgs

Was es mit den fünf Säulen im Detail auf sich hat erkläre ich im Buch auf humorvolle und motivierende Weise. Nach dem Durcharbeiten des Buches kannst du sofort anfangen das Konzept für dein Leben zu nutzen und in deinen Alltag einzubauen.

Intro

Was erwartet dich?

- Praxisbeispiele statt grauer Theorie
- Erfolgsformeln die sofort anwendbar sind
- Humor und Motivation

Wie ist das Buch aufgebaut?

- Jeder Säule des Erfolgs wird ein Kapitel gewidmet. Man kann dadurch also gut ein Kapitel pro Tag durcharbeiten und ausprobieren, bevor du das nächste angehst.
- Zudem gibt es noch Teaser, Intro und Infos zum Trainer, Grundlagen meines Konzeptes, Fazit und Ausblick und zwei Bonuskapitel.

Ziehe den größten Nutzen aus diesem Buch!

- Fünf Säulen verstehen und anwenden
- Merke dir das, was für dich relevant ist
- Pass es an dein Leben an und nutze es sofort

Wer ist der Trainer?

Abbildung 2: Trainer

- Ich heiße Jan Reichenbach, bin Jahrgang 1975, verheiratet und habe eine vierjährige Tochter.
- Wir leben und arbeiten in München. In München bin ich seit 2008. Grund für München war ein damals gutes Jobangebot und die Nähe zu den Bergen. Ihr solltet wissen, dass ich leidenschaftlicher Skifahrer bin und seit meinem vierten Lebensjahr auf den Brettern stehe.
- Ursprünglich komme ich aus Nürnberg, d.h. ich bin ein waschechter Mittelfranke auch wenn ich kaum Dialekt spreche - „man muss Gott für alles danken, selbst für einen Mittelfranken".

- Beruflich bin ich derzeit als „Test Analyst & Coordinator" (Software-Tester und Testkoordinator) für eine englische Firma tätig und arbeite in einem Projekt für einen großen Autohersteller in München.

Was heißt das für dieses Buch und damit für dich?

- Ich habe Berufs- und Lebenserfahrung in vielen unterschiedlichen Bereichen. Z.B. hat mir meine Frau, ursprünglich aus dem Schwaben-Land, was Finanzen anbelangt richtig viel geholfen.
- Hinfallen und wieder aufstehen ist mein Motto. Aufgeben ist das Letzte was man sich erlauben sollte.
- Ich liebe mein Leben und das will ich auch in diesem Buch vermitteln.

Grundlage meines Konzeptes

Wer hat es erfunden?

Ehrlich gesagt weiß ich das nicht.

Mein Ansatz geht auf den Amerikaner Zig Ziglar und sein Konzept des „Wheel of Life" zurück. Im Gegensatz zu dem Amerikaner nutze ich nicht sieben Bausteine sondern nur fünf Bausteine, die ich Säulen des Erfolgs nenne. Außerdem habe ich das für mich Wesentliche rausgepickt und auf deutsche Verhältnisse angepasst.

Ziglar verwendet sieben Bereiche: Career, Financial, Spiritual, Physical, Intellectual, Family, Social

Daraus habe ich fünf Bereiche, die ich Säulen des Erfolgs nenne, abgeleitet und diese mit meiner eigenen Lebenserfahrung gefüllt.

Keine Angst ich habe nur das herausgepickt, was für mich funktioniert und lasse natürlich hier meinen eigenen Gedanken freien Lauf wie du auch an den Beispielen sehen wirst.

Meine fünf Säulen des Erfolgs sind:

- Gesundheit
- Persönlichkeit
- Menschen
- Karriere
- Finanzen

Warum nur fünf Säulen?

- Ich kann mir fünf Bereiche besser merken ☺
- Außerdem habe ich es vereinfacht
- Für mich bedeutet weniger mehr

Was ist anders und einzigartig?

- Ich priorisiere anders z.B. hat Gesundheit bei mir einen höheren Stellenwert als Geld – trotzdem berücksichtige ich natürlich Finanzen, weil das natürlich auch wichtig ist.
- Du musst nicht erst ein dickes Buch lesen und zahlreiche Übungen durchführen um das Konzept zu verstehen.
- Es ist praxistauglich und bewährt und berücksichtigt deutsche Verhältnisse – bestes Beispiel bin ich dafür – weitere Beispiele folgen im Buch.

Ich gehe im Folgenden nacheinander auf jede einzelne Säule ein. Dir wird nach und nach bewusst werden, warum alle fünf Säulen wichtig sind. So, genug der langen Vorrede, jetzt geht's ans Eingemachte.

Die erste Säule, die ich dir vorstellen möchte ist Gesundheit. Sie hat für mich den höchsten Stellenwert, deswegen fange ich mit ihr an.

Gesundheit

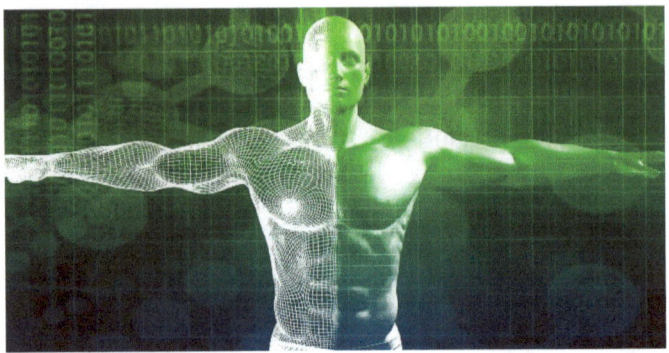

Abbildung 3: Gesundheit

Ich gehe in diesem Buch davon aus, dass du gesund bist. Wenn du krank bist sei es physisch oder psychisch konsultiere bitte einen Arzt!

Gesundheit ist das A und O im Leben eines Menschen. Wer nicht gesund ist, muss auf vieles verzichten und sich auch stark einschränken.

Ich spreche aus eigener Erfahrung:

- So hatte ich beispielsweise einen Hörsturz. Dazu kam es in Zusammenhang mit der Doppelbelastung aus Job und Studium. Ich musste erst wieder lernen, dass das Leben kein D-Zug ist, bei dem es darum geht immer mehr an Wohlstand anzuhäufen und besser und schneller als andere Menschen zu sein. Ja, ich habe daraus gelernt, so meinen meine Familie, Freunde und natürlich ich selbst.

- Mein nächster gesundheitlicher Einbruch liegt nicht lange zurück – ein Hexenschuss – der Vierte innerhalb von drei Jahren. Vor kurzem hatte ich ein MRT (Magnet-Resonanz-Tomographie) über mich bei einem Radiologen ergehen lassen. Gott sei Dank kein Bandscheibenvorfall. Jedenfalls muss ich jetzt langfristig etwas tun wie z.B. Kranken-/Rückengymnastik und Rücken- und Nackenstärkungstraining.
- Ich war auch sechs Monate (als Akademiker) arbeitslos, das hatte stark an meiner Psyche gekratzt. Im Bonuskapitel gehe ich darauf näher ein.

Das Wichtigste was ich daraus gelernt habe:

Gesundheit muss man sich immer wieder aufs Neue erarbeiten und das dauerhaft, was nicht ganz einfach ist.

Wie das geht will ich euch jetzt aufzeigen. Ich habe die Gesundheit klassisch unterteilt in physische und psychische Gesundheit. Was es damit auf sich hat, erkläre ich euch in den nächsten zwei Abschnitten.

Physische Gesundheit

Darunter kann man auch ganzheitlich den Körper verstehen bzw. betrachten. Bewegung kann die physische Gesundheit positiv beeinflussen, auf die ich jetzt näher eingehe.

Bewegung ist das Zauberwort schlechthin!

Von mangelnder Bewegung kann ich als Bildschirmarbeiter ein Lied singen. Ich sitze unter der Woche mindestens acht Stunden täglich im Büro. Deswegen muss ich einen Ausgleich in meiner Freizeit finden und herstellen, was neben Frau und Kind gar nicht so leicht ist. Vermutlich habt ihr ähnliche Probleme, die es zu lösen gilt.

Hier sind meine praxistauglichen Lösungsvorschläge für ein Mehr an Bewegung:

- Nutze keine Rolltreppen oder Aufzüge, wenn du mit öffentlichen Verkehrsmitteln oder im Gebäude unterwegs bist, **weil Treppensteigen deine Beinmuskulatur und dein Herz-Kreislauf-System stärkt.**

- Nimm immer den am Weitesten entfernt liegenden Parkplatz vom Supermarkt/Büro etc. Wir gehen nur einmal wöchentlich einkaufen. Wenn wir Urlaub und Sonstiges abziehen, und weil es einfacher zu rechnen geht, nehme ich 50 Wochen her. 50 x 100 Meter sind bereits 5.000 Meter, d.h. fünf Kilometer mehr an Bewegung pro Jahr durch wöchentliches Einkaufen. Beim Weg vom Parkplatz zum Büro sind es 1.000 Meter pro Woche (bei 200 Meter Entfernung hin und zurück vom Parkplatz), macht bei 50 Wochen 50.000 Meter, d.h. 50 Kilometer.

- Gehe in der Mittagspause nach dem Essen mindestens fünf Minuten spazieren. Bei 200 Arbeitstagen pro Jahr sind das bereits 1.000 Minuten mehr an Bewegung. Bei zehn Minuten 2.000 Minuten usw.

Klar, das sind Kleinigkeiten. Aber glaube mir das läppert sich zusammen. ☺

Und weiter geht´s: Da ich mit öffentlichen Verkehrsmitteln zur Arbeit fahre, gönne ich mir täglich Spaziergänge. So laufe ich unter der Woche früh und abends zur Bushaltestelle insgesamt zwei Kilometer. Von der End-U-Bahn-Haltestelle zum Büro und umgekehrt laufe ich täglich drei Kilometer. Zusammen gerechnet laufe ich „Tür zu Tür" (Wohnung zum Büro und umgekehrt) fünf Kilometer pro Tag, d.h. 1.000 km bei 200 Arbeitstagen pro Jahr.

Na, merkst du was? ☺ **Noch eine Idee von meiner Frau: Wenn ihr in der U-Bahn beispielsweise stehen müsst oder auch beim Warten auf den Bus, spannt doch mal eure Bauchmuskeln an und lasst sie wieder los.**

Und jetzt gehe ich zum Sport über. Natürlich sind hier die Übergänge fließend. Trotzdem unterscheide ich hier, damit es klarer wird.

In der Firma spielen wir alle zwei Wochen Fußball. Das lasse ich mir natürlich nicht entgehen vor allem weil es mir Spaß macht und den Teamgeist fördert. Neben dem Firmensport schenke ich mir täglich zehn Minuten Rückengymnastik je fünf Minuten am Morgen/Abend auf einer Matte im Wohnzimmer. Meine Tochter macht da manchmal auch mit. Vor allem der sogenannte Katzenbuckel hat es ihr angetan. ☺

Weiter gehe ich im Idealfall (wenn wir Freunde/Familie besuchen fällt das auch mal aus) einmal am Wochenende ins Fitness-Studio, um fit zu bleiben. Im Sommer versuche ich zusätzlich einmal pro Woche noch joggen zu gehen ca. 30 Minuten. Im Winter überrede ich meine Familie zum Spazieren gehen. Klappt natürlich nicht immer. ☺

Da wir über eine eigene Sauna verfügen, die in 15 Minuten aufheizt, gehe ich zudem mindestens 2x pro Woche in die Sauna.

Besser wäre es natürlich 2x in der Woche ins Fitness-Studio zu gehen bzw. zu laufen, doch irgendwann bin ich auch einfach müde vom Tag.

Übrigens, im ersten Bonuskapitel dieses Kurses geht es auch um Ernährung. Wenn du willst kannst du dir auch jetzt schon das Kapitel ansehen.

Neben der physischen ist aber auch die psychische Gesundheit entscheidend. Warum, erkläre ich jetzt.

Psychische Gesundheit

Die Weltgesundheitsorganisation (WHO) versteht unter psychischer Gesundheit: Ein psychisch gesunder Mensch kann seine Fähigkeiten ausschöpfen, die normalen Lebensbelastungen bewältigen, produktiv arbeiten und ist im Stande, etwas zu seiner Gemeinschaft beizutragen.

- Wann kannst du deine Fähigkeiten voll ausschöpfen?
- Wann kannst du die normalen Lebensbelastungen bewältigen und produktiv arbeiten?

- Wann kannst du etwas zur Gemeinschaft beitragen?

Meine erste These lautet: Nur mit einem starken Selbstwertgefühl kannst Du ein psychisch gesunder Mensch werden.

Deswegen dreht sich in diesem Kapitel alles um das Selbstwertgefühl.

Unter Selbstwertgefühl versteht man die Bewertung, die man von sich selbst hat.

Quelle: https://de.wikipedia.org/wiki/Selbstwert

Meine zweite These lautet: Wer über ein hohes Selbstvertrauen verfügt, traut sich mehr zu, hat mehr Erfolg im privaten und beruflichen.

Schritte zum Aufbauen eines starken Selbstvertrauens

Sicherlich könnte ich dir jetzt eine Liste mit vielen Punkten nennen. Aber ich habe mich bewusst dagegen entschieden, denn mein Buch soll einfach und leicht zu merken und umzusetzen sein.

Zuerst einmal finde ich es wichtig neugierig zu sein. Einfach mal was Neues wagen z.B. Website basteln, Sprache erlernen, neuer Job, Weiterbildung z.B. Zertifizierung erwerben, ein Studium wagen. Dadurch erweiterst du deine Kenntnisse und Fähigkeiten und machst dich auch attraktiver für Arbeitgeber und Kunden, was wieder zu einer Stärkung des Selbstvertrauens führt.

Eine weitere Methode ist, anderen Menschen zu helfen. Wer über technisches „know how" verfügt, kann z.B. einen Blog für Freunde einrichten und diesen zeigen, wie man Inhalte erstellt und pflegt. Wenn du Hobby-Fotograf bist, sind Fotos auf der Hochzeit eines Freundes eine tolle Möglichkeit zu helfen. Oder du organisierst einen Kindergeburtstag z.B. Mumie mit versammelter Mannschaft spielen, d.h. ein Kind wickelt mit Klopapier ein anderes Kind ein. Du könntest z.B. die Zeit per Stopp-Uhr nehmen und der Schnellste gewinnt. Das macht riesig Spaß. Beruflich kannst du auch Mitarbeiter/Kollegen anleiten oder neudeutsch „knowledge sharing" betreiben. Das Stichwort ist hier Wissen teilen. Wenn ich jemandem etwas erkläre, dann merke ich auch ob ich es selbst verstanden habe. Und wenn dem so ist, stärkt das dein Selbstvertrauen und außerdem zeigst du deinem Arbeitgeber wie wertvoll du bist.

Vor (fremden) Menschen sprechen z.B. Kurs für Udemy.com erstellen oder auch wildfremde Menschen ansprechen z.B. nach dem Weg fragen. Egal ob das Feedback gut oder schlecht ausfällt. Dass du es nicht probiert hast, kann dir keiner vorwerfen. Schon allein etwas geschaffen zu haben, stärkt mein Selbstvertrauen. Jetzt stell dir bitte noch vor, du bekommst positives Feedback. Danach geht dein Selbstvertrauen ab wie eine Rakete - im positiven Sinne.

Positive Affirmationen können dich auch beflügeln. Ich höre mir beispielsweise gerne „Guten Morgen" von Dittmar Kruse auf dem Weg zur Arbeit an. Das stimmt mich positiv auf den Tag ein.

Oder du liest ein gutes Motivationsbuch wie z.B. „Die Macht ihres Unterbewusstseins" von Dr. Joseph Murphy. Wenn dir das zu religiös ist, dann probiere es mal mit „Extrem: Die Macht des Willens" von Norman Bücher.

Zuletzt empfehle ich noch Entspannungstraining wie z.B. Progressive Muskelentspannung, autogenes Training oder Tiefenentspannung.

Warum ist Selbstvertrauen so wichtig?

Stopp jetzt! Notiere dir deine eigenen Beweggründe, warum Selbstvertrauen so wichtig ist und vergleich es im Anschluss mit meiner Liste!

Selbstvertrauen ist so wichtig, weil du …

1. dich danach besser fühlst
2. dein Ego stärkst und dadurch motivierter in allen Lebensbereichen (fünf Säulen) bist
3. dich deiner Selbst besser bewusst bist und somit besser mit dir selbst umgehst
4. selbstsicherer auftrittst und damit attraktiver auf andere Menschen wirkst
5. vor Angst, Gewalt und Sucht besser geschützt bist, da du mental „stärker" bist und auf so etwas nicht angewiesen bist, um dich gut zu fühlen.
6. dich im Leben besser zu Recht findest, da du dir mehr zutraust, d.h. kreativer bist
7. dich selbst mehr liebst was eine Grundvoraussetzung für eine gute Beziehung ist

8. dann auch anderen Menschen eher hilfst, was meiner Meinung nach das Erfolgsrezept schlechthin im Leben eines Menschen ist. Hilf anderen Menschen und dir wird geholfen

9. optimistischer durchs Leben gehst und dadurch weniger niedergeschlagen bist - eine gute Präventivmaßnahme vor psychischen Krankheiten wie z.B. Depression

10. deinen Charakter festigst und stärkst

Sicherlich hast du noch weitere Punkte gefunden. **Gut gemacht!**

Jetzt geht es zum Kapitel Persönlichkeit.

Persönlichkeit

Abbildung 4: Persönlichkeit

Wie wirst du zu einer echten Persönlichkeit?

Diese Frage hat sich vermutlich jeder einmal gestellt.

Meine erste These lautet: Wer eine echte Persönlichkeit werden will muss sich Ziele setzen und diese verwirklichen.

Wie setzt du dir deine eigenen Ziele?

Ich nutze dafür die W-Fragen. Jetzt zeige ich dir, wie das geht.

- **Was** will ich erreichen? Ich möchte in einem Jahr zehn kg abnehmen.
- **Wann** will ich es erreicht haben? In einem Jahr, zum 31.12.2018 möchte ich 90 kg wiegen.

- **Wie** will ich es erreichen? Durch ein Mehr an Bewegung, Sport und Ernährungsumstellung.
- **Wieso** will ich es erreichen? Weil ich schlanker aussehen will.
- **Wer** hilft mir beim Erreichen meines Ziels? Meine Familie unterstützt mich beim dauerhaften Abnehmen.
- **Wo** will ich mein Ziel erreichen? Im Büro und zuhause! D.h. die Ernährungsumstellung muss in meinen Alltag integrierbar und praxistauglich sein.

Du kannst das Ganze aber auch mit der Smart-Methode kombinieren. Was es damit auf sich hat, kannst du hier nachlesen: https://de.wikipedia.org/wiki/SMART_(Projektmanagement)

Am einfachsten ist es, du schreibst dir deine Ziele in dein Motivationsbuch. Ich habe mir dazu ein Din A4 Notizbuch kariert gekauft. Zum „Abarbeiten" der Ziele nutze ich „To-Do-Listen" und „Mind Maps".

Die To-Do-Liste könnte priorisiert wie folgt aussehen:
1. Gesundes und abwechslungsreiches Essen einkaufen.
2. einmal pro Woche 30 Minuten Spaziergang machen.
3. zweimal pro Woche mache ich Sport z.B. einmal Fitness-Studio und einmal Joggen gehen.
4. ...

Was ein „Mind-Map" ist, kannst du hier nachlesen: https://de.wikipedia.org/wiki/Mind-Map

Meine zweite These lautet: Lass dich von anderen Menschen inspirieren und übernehme das, was dir taugt und übertrage es auf dein eigenes Leben und lebe danach.

Stopp jetzt! Wer inspiriert dich in deinem Bekannten- und Verwandtenkreis? Warum inspiriert dich diese Person?

Weiter empfehle ich dir Biografien von interessanten Menschen zu lesen wie z.B. Nelson Mandela, Helmut Schmidt oder Loriot. Du kannst natürlich auch Wissenschaftler, Nobelpreisträger, Sportler oder Unternehmer etc. heranziehen, was dich eben fasziniert und wo du meinst, etwas lernen zu können.

Drei Werte für die Persönlichkeitsentwicklung

1. **Ehrlichkeit:** Du musst nicht nur ehrlich zu anderen sein, sondern auch zu dir selbst, weil du andernfalls nicht authentisch bist. Aber poste nicht dein Innenleben in soziale Medien und genauso wenig schreibe über deine Krankheiten in öffentlicher Runde außer dir hilft es weiter und es fügt dir keinen Schaden hinzu. Immer kritisch hinter fragen was passiert wenn ich dies oder jenes öffentlich mache sowohl im Positiven wie auch im Negativen und dann dafür oder dagegen entscheiden.

2. **Disziplin:** Selbstdisziplin ist enorm wichtig, wenn du beruflich oder privat weiterkommen willst z.B. Bis zum Halbmarathon am TT.MM.JJ laufe ich 3x wöchentlich mindestens je 30-60 Minuten. Pro Woche will ich mindestens 20 km laufen. Und einmal vor dem Wettkampf will ich die volle Distanz von 21 km gelaufen sein.

3. **Mut:** Wer nicht wagt, der nicht gewinnt. Habe den Mut, Neues zu wagen. Wenn du einen neuen Job in Angriff nehmen willst, kündige aber den alten erst, wenn der Neue sicher ist, außer du kannst es dir finanziell leisten oder es geht aus wichtigen Gründen nicht anders. Auf alle Fälle ist es nach dem Jobwechsel anders. Ob es besser ist, wird sich zeigen.

Eine interessante Werte-Liste habe ich im Internet entdeckt: http://stevepavlina.de/werte-liste

Stopp jetzt! Suche dir von genannter Website Werte raus, die dich faszinieren und übertrage sie auf dein eigenes Leben - am besten schriftlich in dein Motivationsbuch.

Wenn du dir deiner Werte bewusst bist, kannst du auch leicht deinen Lebenssinn definieren und danach leben.

Lebenssinn

Wofür lebst du?

Hoffentlich nicht nur um zu arbeiten.

Einer meiner Lebenssinne ist z.B. eine Familie mit meiner Traumfrau zu gründen. **Done!** ☺ Ich will meine Gene weitergeben und im Alter neben meiner Frau eine Tochter an meiner Seite haben. Ob das dauerhaft klappt wird sich zeigen. Ich will die Welt besser machen. Für mich sind Kinder die Zukunft unseres Landes.

Ist mein Leben perfekt?

Nein, natürlich nicht. Aber was/wer ist schon perfekt? Ich kenne niemanden. Mir geht es darum dir aufzuzeigen, wie du dein Leben noch lebenswerter machen kannst!

Muss es unbedingt ein Kind sein? Nein, natürlich nicht. Es gibt viele Menschen, die sich bewusst gegen Kinder entscheiden oder auch keine bekommen können und trotzdem gut leben und ihren Beitrag zur Gesellschaft leisten.

Überhaupt ist es enorm wichtig anderen zu helfen z.B. mit einem besseren Produkt, was das Leben vereinfacht. Auch als Unternehmer kannst du dazu beitragen die Welt besser zu gestalten.

Oder indem du dich politisch oder für Flüchtlinge, Ganztagsbetreuung, Umwelt, Tiere etc. engagierst. Ich z.B. war während meines Studiums im Studentenparlament, habe eine Campuszeitung herausgegeben und war im Elternbeirat Kita/jetzt im Kindergarten meiner Tochter.

Warum habe ich das gemacht? Weil ich einen Beitrag leisten möchte jedenfalls die nähere Umwelt, in der ich lebe, zu verbessern. Z.B. haben wir im Studentenparlament ein Semesterticket eingeführt, kritische Artikel in der Campuszeitung veröffentlicht oder eben aktiv Feste für Kinder und Eltern in der Kita/Kindergarten organisiert. Das hat mich zudem persönlich enorm weitergebracht und im Umgang mit unterschiedlichen Menschen und vor allem Meinungen geschult. Und ja, ich bin Verfechter des lebenslangen Lernens. Ich kann nie genug vom „Wissen" Anderer bekommen. Sei trotzdem kritisch: Nur angewandtes Wissen hilft dir praktisch weiter.

Hobbies

Ein Bekannter besucht in seiner Freizeit regelmäßig Musik-Konzerte. Das ist nicht immer ganz billig, aber er braucht das für sich bei zwei Kindern und einem Pflegefall in der Familie. Mein Bruder ist beispielsweise leidenschaftlicher Läufer und läuft mehrmals im Jahr Halbmarathons selten Marathon. Mein Papa lernt Spanisch in seiner Freizeit. Meine Mama liest leidenschaftlich Historien Romane, meine Frau Science Fiction und Fantasy Romane. Ich selbst fotografiere und filme gerne vor allem Kinder und Tiere, was echt nicht leicht ist, weil die selten ruhig stehen bleiben.

Stopp jetzt! Was ist dein Hobby? Wie gestaltest du deine Freizeit?

Warum sind Hobbies so wichtig?

Hobbies bereichern dein Leben, machen Spaß und man entspannt. Damit tragen sie natürlich auch dazu bei deine Persönlichkeit zu formen, weil dein Leben besser ausgeglichen ist (Stichwort: Work/Life Balance). Wie ein Job ist auch ein Hobby eine Herausforderung. Wer Herausforderungen meistert, stärkt und festigt seine Persönlichkeit.

Ideen für Hobbies

Hier gebe ich dir einen Einblick in einige meiner Hobbies, die sehr zahlreich und vielfältig sind.

- Fotografieren/Filmen: Wie bereits erwähnt, finde ich Kinder und Tiere besonders spannend.
- Sport (Ski fahren, Joggen, Fußball): Ich fahre seit meinem vierten Lebensjahr Ski – mindestens einmal pro Jahr. Weiter gehe ich regelmäßig Joggen und spiele oft Firmen-Fußball.
- Websites/Blog: Ich betreibe mehrere Websites und ein Blog.
- Udemy-Kurs erstellen
- Buch schreiben

Z.B. besuche ich unabhängig von meiner Frau und Tochter auch Veranstaltungen auf wie z.B. Magier-Vorführung, Musik-Konzert etc. weil ich mich auch selbst entfalten will. D.h. überlege dir worauf du Lust hast und setz es für dich um, unabhängig was Angehörige und Freunde wollen. Das stärkt deine Persönlichkeit, weil du Mut beweist, auch alleine auszugehen. Gerade als Vater weiß ich dies zu schätzen, auch weil nicht immer ein Babysitter verfügbar ist, jedoch ich dennoch etwas außerhalb der Familie erleben will.

Und wie geht's weiter? Mit der dritten Säule Menschen. Hier erfährst du, wie wichtig es ist, ein Menschenfreund zu sein und wie du davon profitierst.

Menschen

Abbildung 5: Menschen

Warum sind Menschen so wichtig?

Weil wir soziale Wesen sind, der eine mehr, der andere weniger. Aber ohne zwischenmenschliche Beziehungen geht es nicht!

Ich habe diese Säule wieder in drei Bereiche unterteilt, um dir zu aufzuzeigen wie wichtig Menschen sind.

1. Familie/Verwandte
2. Freunde
3. Bekannte

Familie/Verwandte

Fünf Punkte, warum ich Familie sehr wichtig finde?

1. Zusammenhalt/Solidarität: Gemeinsam sind wir stärker. Wir können uns beispielsweise ermutigen und unterstützen, wenn es nicht gut läuft z.B. Arbeitslosigkeit.

2. Wertevermittlung/Erziehung: Welche Werte will ich meinem Kind vermitteln? Eltern prägen dich, gewollt oder nicht. Du kannst sehr viel Gutes mit Erziehung bewirken z.B. Offenheit gegenüber anderen Menschen, Vertrauen schaffen usw. Nahezu überflüssig, zu erwähnen, dass sich Erziehung auch negativ auswirken kann. Ein Beispiel hierfür ist das Buch „Ein deutsches Mädchen" – Es handelt von einem Mädchen/Frau die in einer Neonazi-Familie aufwächst. Unbedingt lesen!

3. Schutz/Sicherheit/Geborgenheit: Gleichzusetzen mit Rückzugsort. Hier bekomme ich „Halt". Wenn ich krank bin, kümmert sich meine Familie um mich usw.

4. Verantwortung: Ja als Familienmitglied musst du Verantwortung für dich und andere übernehmen wie auch sonst im Leben. Du bist nicht nur verantwortlich für das was du tust, sondern auch für das, was du nicht tust. Lass dir das auf der Zunge zergehen und denk darüber nach!

5. Respekt: Man soll Vater und Mutter ehren, aber auch umgekehrt: Eltern müssen auch ihre Kinder ehren.

Und was ist, wenn die Familie nicht funktioniert oder Verwandte böse/schlecht sind?

Wenn dem so ist, solltest du dich im Extremfall besser von der Familie und/oder den Verwandten lösen. Das muss nicht bedeuten sofort den Kontakt vollständig abzubrechen.

Hier noch mal ein Exkurs zum Thema Familienwerte und – rituale: https://www.morgenpost.de/familie/article122193714/Warum-Familientraditionen-so-wichtig-fuer-die-Menschen-sind.html

Freunde

Ein intakter Freundeskreis ist sehr viel wert ähnlich wichtig wie eine intakte Familie.

Du solltest zwischen engem und weitläufigerem Freundeskreis differenzieren. Und: meide Menschen, die einen negativen Einfluss auf dich oder deine Familie haben.

Doch wie gewinnt man nun (echte) Freunde?

Hmh - da habe ich kein Patentrezept.

Ich erzähle dir jetzt mal wie ich zu meinem Freundeskreis gekommen bin.

- Beruf: Zu meinem Freundeskreis zählt ein ehemaliger Arbeitskollege.
- Kindergarten: Durch unsere Tochter lernen wir immer wieder neue Menschen kennen, also die Eltern der Kinder. Manchmal ergibt sich dann auch eine Freundschaft.

- Schule: Zu meinem Freundeskreis zählen zwei ehemalige Schulkameraden jeweils mit Anhang und Kind.
- Erst-Studium: Hier sind zwei Freundschaften nach zehn Jahren auseinandergegangen. Jeder lebt in seiner eigenen Welt und die jeweiligen Ehepartner sind nicht auf unserer Wellen-Länge. Das mussten wir bitter in einem gemeinsam verbrachten Urlaub feststellen. Andererseits war es auch eine Erfahrung. Jetzt suchen wir viel bewusster unsere Urlaubspartner aus.
- Zweit-Studium: Ich habe in unregelmäßigen Abständen einen MBA-Stammtisch. Mit einem Teilnehmer bin ich befreundet. Zu den Anderen ist der Kontakt eher locker.
- Ehefrau: Durch meine Ehefrau habe ich weitere Freunde erschlossen. Gut hier muss ich mich fragen, ob die Freundschaft fortbestünde, wenn die Ehe schiefgehen würde.
- Ehemalige Nachbarn: Wir zählen zu unserem Freundeskreis auch ehemalige Nachbarn genauer gesagt eine Familie mit zwei Kindern und ein Paar.
- Fußballverein: Mittlerweile eher lose.

Es gibt noch unzählige weitere Möglichkeiten, um Freundschaften zu knüpfen.

Stopp jetzt! Überlege selbst wo und wie und warum du deine Freundschaften geschlossen hast und Neue am besten knüpfst.

Wichtig dabei ist vor allem die Qualität und nicht die Quantität. Nicht jeder Xing/Linked In oder Facebook-Kontakt ist automatisch ein Freund. Und das ist auch gut so.

Freundschaften müssen wie Partnerschaften gehegt und gepflegt werden. Ja, es ist ein Geben und Nehmen. Manchmal lösen sich Freundschaften im Laufe der Zeit auch auf oder es kommen neue Freunde hinzu.

Drei weitere Dinge, die hilfreich sind, um Freundschaften zu schließen:

- Unternehmenslustig zu sein: Je mehr du unternimmst, desto wahrscheinlicher triffst du auf andere Menschen z.B. Freizeit-Treff, Geschwister, Tanzkurs, Musikschule, Lauftreff, Volkshochschulkurs usw.
- Zuhören: Wenn jemand sich aussprechen möchte, habe ein offenes Ohr. Manchmal ergibt sich daraus eine Freundschaft. Die Übergänge zum dritten Punkt sind fließend.
- Helfen: Eine Hand wäscht die andere. Auch so gelangst du oft zu neuen und guten Freunden. Achtung: Alleine jemandem zu helfen, bedeutet noch keinen Anspruch auf Freundschaft. Aber die Wahrscheinlichkeit steigt natürlich.

Und hier noch ein guter Link zum Thema Freundschaften: https://www.vdk.de/deutschland/pages/66151/warum_freunde_so_wichtig_im_leben_sind

Bekannte

Ja, warum jetzt noch Bekannte. Na ja, aus Bekanntschaften können auch Freunde werden oder auch gegenseitig nützlich sein. Das ist nichts Verwerfliches!

Wie sieht es beispielsweise mit Nachbarn, Vereinskollegen oder der Verkäuferin im Supermarkt/Bäckerei/Metzgerei aus?

Interessant finde ich auch die sozialen Netzwerke im Internet wie z.B. Xing, Linked In und Facebook usw. Vernetze dich auf alle Fälle neben Freunden auch mit deinen Arbeitskollegen, Geschäftspartnern, Vereinsmitgliedern etc. Evtl. geht ihr Berg wandern, segeln oder Ski fahren etc. Ja, auch auf diese Weise kann Freundschaft reifen. Je größer dein Bekanntenkreis ist, umso mehr kommst du mit unterschiedlichen Menschen und Lebensmodellen in Kontakt. Das erweitert den Horizont.

Was möchte ich dir noch mit auf den Weg geben?

- **Feiere deinen Geburtstag jedes Jahr:** Mit Freunden und Familie seinen Geburtstag zu feiern macht eine Menge Spaß und kostet meist nicht viel. Außerdem trifft man sich so wieder und wer weiß was so alles passiert ist im Laufe eines Jahres. Umgekehrt kann ich mir die Geburtstage meiner Freunde/Verwandten durch einen Geburtstagskalender hervorragend merken.

- **Gehe auf Menschen zu:** Bitte warte nicht darauf bis jemand bei dir klingelt. Meistens musst du den ersten Schritt machen, um jemanden kennen zu lernen. Das Gleiche gilt auch fürs Berufliche. Lade beispielsweise Menschen zum gemeinsamen Mittagessen ein. In der Regel beißen Menschen nicht, sondern im Gegenteil, sie freuen sich über eine Einladung und wenn nicht, dann sagen sie es dir schon.

- **Nächstenliebe:** Liebe deinen Nächsten wie dich selbst. Wem könntest du heute eine Freude bereiten? Bring deiner Frau/Lebensgefährtin beispielsweise wieder einmal Blumen mit. Oder spende an wohltätige Organisationen. Ein interessanter Wikipedia-Beitrag zum Thema Menschenfreund ist z.B. https://de.wikipedia.org/wiki/Philanthropie

- **Verbringe möglichst viel Zeit mit deinen Kindern:** So siehst du wie sie sich fortentwickeln und kannst diesen deine volle Aufmerksamkeit zuwenden. Mir bedeutet das sehr viel und meiner Tochter macht es eine Menge Spaß. Ich lese ihr gerne Geschichten vor wie z.B. „Pommes im Urwald".

- **Bitte lächeln:** Überhaupt sollten wir auch mal über uns selbst lachen. Nimm das Leben nicht ganz so ernst. Schau dir auch mal eine Komödie an oder lese Witzebücher. **Übung:** Schenke der nächsten Person, die dir begegnet ein Lächeln.

Stopp jetzt! Wie wirke ich auf andere Menschen? Filme dich selbst und schau dir das Video im Anschluss an. Am besten du stellst dich kurz vor und redest über dein Hobby.

Wie oft hast du gelächelt?

Mir fällt es bspw. sehr schwer in einem Video zu lächeln. Vor der Kamera zu sprechen empfinde ich als unangenehm. Insofern ist das Erstellen eines Video Kurses eine große Herausforderung für mich. Mir fällt es leichter, wenn meine Frau hinter der Kamera steht. Dann spreche ich mit ihr und nicht mit der Kamera.

Die Übergänge zur nächsten Säule Karriere sind fließend.

Karriere

Abbildung 6: Karriere

Vollzeit-Berufstätige verbringen mindestens ein Drittel ihres Tages am Arbeitsplatz. Selbständige verbringen vermutlich noch mehr Zeit in ihrem Unternehmen oder sind sogar 24/7 verfügbar. Ist das gut? Das muss jeder selbst entscheiden.

Worauf ich hinaus will ist, dass man Karriere sehr weitläufig fassen sollte und nicht nur auf den Beruf/Unternehmen beschränken sollte. Lest euch bitte die folgende Definition auf Wikipedia durch: https://de.wikipedia.org/wiki/Karriere

"...Seit den 1990er Jahren wird in der Karriereforschung davon ausgegangen, dass Karrieren verstärkt (wenn nicht sogar überwiegend) jenseits organisationaler Grenzen stattfinden..."

Man könnte es auch als eine Art der Selbstverwirklichung zusammenfassen und die kann natürlich auch privat stattfinden.

Berufliche Selbstverwirklichung

Mein Papa hat sich dadurch beruflich selbst verwirklicht, indem er anderen Menschen gesundheitlich hilft und ist deswegen Arzt geworden, genauer gesagt: Psychiater. Ich wollte das nicht z.B. Menschen von der Alkohol- oder Drogensucht zu befreien oder gar vorm Selbstmord zu bewahren.

Trotzdem kann ich sehr gut nachvollziehen, dass dies ein gutes Gefühl ist anderen Menschen zu helfen sich z.B. von ihrer Sucht zu befreien und das man damit sehr viel Gutes bewirken kann.

Private Selbstverwirklichung

Bestes Beispiel ist meine Frau. Sie hat z.B. jeden Kontinent auf der Welt bereist und spricht fünf Sprachen, davon zwei fließend und eine sehr gut und die anderen beiden gut.

Und wie selbst verwirklichst du dich?

Wie plane ich nun meine Karriere?

Hier sind die W-Fragen wieder hilfreich.
* **Was** willst du erreichen?
* **Warum** willst du das erreichen?
* **Wieviel** Engagement/Zeit/Geld musst du dafür aufwenden?

- **Wo(mit)** kannst du die Karriere erreichen?
- **Wann** kannst du deine Karriere beginnen/vollenden?
- **(Mit)wem** kannst du Karriere machen?

Ich gehe jetzt mal detaillierter auf meine eigene „Karriere" näher ein.

Meine persönliche Karriere im Detail

oder die Anwendung der 5 Säulen des Erfolgs

In der zwölften Klasse habe ich die Schule abgebrochen und habe mich dann direkt freiwillig zur Bundeswehr-Luftwaffe gemeldet, da ich Hubschrauber-Pilot werden wollte. Daraus wurde aber nichts und dann entschloss ich mich eine Berufsausbildung zum Speditionskaufmann erfolgreich zu absolvieren. Ich habe aber schon bald gemerkt, dass ich mehr will. Parallel dazu habe ich auf dem zweiten Bildungsweg die Fachhochschulreife erworben und im Anschluss Wirtschaftsinformatik in Vollzeit an der FH Kaiserslautern, Standort Zweibrücken studiert. Finanziert habe ich mir das Studium durch eine Website und diverse Jobs in den Semesterferien z.B. Eisproduktion bei Schöller/Nestle. Außerdem haben mich meine Eltern finanziell unterstützt.

Nach dem Studium war ich ein Jahr selbständig und ganzheitlich betrachtet nicht erfolgreich genug als Webunternehmer tätig. Deswegen habe ich aber natürlich nicht aufgegeben.

Im Anschluss daran bin ich nach München gezogen und bin seitdem als Angestellter tätig. Einige berufliche Station waren Applikationsmanager, IT-Projektmanager, Business Analyst und jetzt eben Test-Analyst (Software-Tester). 2009 war ich zusammen mit meinem Bruder zwei Wochen lang mit dem Jeep in Südnorwegen unterwegs zum Zelten. 2010: Zwei Wochen Ski-Urlaub mit meinem Papa in Salt Lake City, USA. Von Salt Lake City erreicht man neun Skiressorts innerhalb von einer Stunde aus. 2011 lernte ich meine Traumfrau kennen. Meine Liebe gilt aber auch dem Club, d.h. dem 1. FC Nürnberg. Folgere jetzt bitte nicht, dass dieses Buch zweitklassig ist. ☺ Nebenberuflich habe ich von 2011 bis 2013 einen Master of Business Administration (MBA) an der Katholischen Universität Eichstätt-Ingolstadt erworben und nutze das daraus gewonnene Wissen sowohl beruflich als auch in Teilen privat wie z.B. für dieses Buch. 2012: Zehn tägige MBA-Studienreise nach China (Shanghai und Peking). Seit Mai 2013 bin ich verheiratet. Seit November 2013 bin ich auch stolzer Papa einer Tochter. November 2014: Unsere Tochter wird ein Jahr alt und kann auch schon im Winterurlaub auf Gran Canaria laufen. November 2015: Unsere Tochter wird zwei Jahre alt und spricht bereits wie ein Wasserfall. Dezember 2015: Ich feiere meinen 40. Geburtstag in dem Restaurant, in dem unsere Hochzeitsfeier stattfand. Seit Ende September 2016 lebe ich mit meiner Familie in der eigenen Eigentumswohnung. November 2016: Unsere Tochter wird drei Jahre alt und klettert wie ein Weltmeister am Spielplatz. 2017 machen wir zwei Mal Urlaub, da wir Nachholbedarf haben. Auf

Grund der Eigentumswohnung haben wir 2016 keinen Urlaub gemacht. 2017 geht es im Juli nach Schweden und im Oktober in die Türkei. Im Dezember 2017 habe ich auch mein 25jähriges Klassentreffen Realschule.

Was kann man daraus folgern?

In meinem Leben wie in wahrscheinlich jedem anderen auch, gab es Höhen z.B. Hochzeit und Geburt meiner Tochter und Tiefen z.B. Schulabbruch, nicht-erfolgreich als Unternehmer. D.h. ich habe mich beruflich erst finden müssen zuerst Speditionskaufmann, dann Selbständiger und schließlich Angestellter. Ich bin 13 Mal innerhalb Deutschlands umgezogen und habe erst seit letztem Jahr mein Eigenheim. Meine Frau fürs Leben habe ich 2011 getroffen. Außerdem bin ich recht spät Papa geworden und habe es bisher nie bereut. Na ja, ist schon manchmal stressig dies mit dem Job zu vereinbaren. Meine Frau und ich sind nämlich beide in Vollzeit als Angestellte berufstätig.

„Karpfen diem", wie wir Franken gerne sagen. D.h. das Leben spielt sich auf mehreren Ebenen ab. Mach was aus deinem Leben. Wie du an mir sehen kannst, fällt man hin und steht wieder auf und weiter geht's. Mein Leben ist alles andere als geradlinig verlaufen. Trotzdem habe ich daraus etwas gemacht.

Selbstständigkeit

Ja, diese Option sollte man sich immer offen halten. Ich schaue mir deswegen regelmäßig „Die Höhle der Löwen" an. Hier stellen Unternehmer ihr Unternehmen/Idee fünf Investoren vor, um an Investitionskapital zu kommen.

Man erfährt in dieser Fernsehsendung, was gegenwärtig auf dem Markt gefragt ist und was wichtig ist, um erfolgreich ein Unternehmen zu starten. Übrigens, zur Sendung gibt es auch ein tolles Brettspiel: http://janreichenbach.de/blog/2017/01/09/die-hoehle-der-loewen-das-brettspiel/

Was mir auch geholfen hat, sind Unternehmertreffen wie z.B. „Xing-Offline-Treffen". Hier kannst du recht unkompliziert via Small Talk zu deinen ersten Aufträgen kommen. Klar, klappt nicht immer. Hier sollte man sich aber gut vorbereiten und auch Visitenkarten dabei haben. Zudem trifft man häufig auf interessante Menschen.

Bevor du aber den Schritt in die Selbständigkeit wagst, solltest du aber ausführlich testen, ob deine Idee auch geschäftstüchtig ist, d.h. ob du davon deinen Lebensunterhalt bestreiten kannst. Oft empfiehlt es sich zuerst nebenbei als Unternehmer tätig zu sein, d.h. neben einem Angestelltenjob. Dann hat man eine soziale Absicherung. Weiter empfiehlt es sich nach Fördermitteln Ausschau zu halten.

Ich habe fünf interessante Links zum Thema Selbständigkeit rausgesucht:

- https://www.fuer-gruender.de/wissen/unternehmen-gruenden/firma-gruenden/
- https://www.existenzgruender-jungunternehmer.de/p/gruendung.html
- https://www.impulse.de/gruendung/nebenher-eine-firma-grunden/1026895.html

- http://www.spiegel.de/karriere/start-up-nach-den-lehrjahren-die-eigene-firma-gruenden-a-1002972.html
- http://www.selbstaendig-im-netz.de/category/existenzgruendung,finanzierung,firmen-name,geschaeftsmodelle,ideen,startups,zielgruppen/

Im zweiten Bonuskapitel gebe ich dir zudem Tipps, wie du aus einer Arbeitslosigkeit mit neuem Mut durchstartest.

Und nun bist du am Zug!

Kommen wir nun zur letzten und fünften Säule.

Finanzen

Abbildung 7: Finanzen

„Ohne Moos nichts los"

Kann ich den Umgang mit Geld erlernen?

Ja, absolut.

Doch bevor ich darauf genauer eingehe, verschaff dir erst einmal einen Überblick über deine eigene finanzielle Situation.

Stopp jetzt! Beantworte bitte zuerst folgende 15 Fragen.

1. Wie hoch sind deine monatlichen Einnahmen?
2. Wie hoch sind deine monatlichen Ausgaben?
3. Wieviel bezahlst du monatlich für Strom?
4. Wieviel bezahlst du monatlich für Kommunikation (Internet, Telefon, Mobiltelefon)?
5. Wieviel bezahlst du für TV (Kabel, Satellit etc.)?

6. Wie viele Versicherungen hast du abgeschlossen und zahlst du dafür?
7. Was gibst du täglich für Essen/Getränke aus?
8. Was kosten deine Hobbies monatlich?
9. Musst du Vereinsbeiträge oder ähnliches monatlich bezahlen?
10. Hast du Abonnements abgeschlossen (Streaming, Zeitung etc.)?
11. Wie hoch sind deine Schulden? Monatlich muss ich XYZ für Auto, Wohnung/Haus etc. zahlen.
12. Wie teuer sind die monatlichen Gebühren für Mobilität/Kita/Kindergarten/Schule/Hochschule etc.?
13. Wie hoch sind deine Gesundheitsausgaben im Durchschnitt pro Monat?
14. Was kostet dich der Urlaub auf den Monat runter gerechnet?
15. Wie viel kosten dich Weiterbildungen pro Monat?

Jetzt weißt du hoffentlich mehr über deinen Status-Quo, also wie es um deine monatlichen Finanzen bestellt ist. Erweitere die Fragen nach Belieben.

Rechne das Ganze jetzt auf ein Jahr um! Erstell dazu am besten ein Excel.

Wenn du die Fragen ehrlich beantwortest hast und das schriftlich, klopfe dir bitte auf deine eigene Schulter. Gut gemacht!

Nur wenige Menschen sind sich wirklich über ihre Finanzen in dieser Form bewusst. Glaube mir, dieser erste Schritt zur Transparenz deiner Finanzen bringt dich enorm vorwärts.

Neben dem Status-Quo empfehle ich dir folgende 10 Regeln zu beherzigen. Mir ist bewusst, dass dies nicht immer einfach ist. Meine Regeln sind nicht in Stein gemeißelt. Suche dir das raus, was gut für dein eigenes Leben ist und den Rest ignorierst du einfach. So jetzt folgen meine 10 Finanzregeln, die ich zusammen mit meiner Frau über Jahre hinweg erprobt habe.

Meine zehn persönlichen Finanz-Regeln

Finanz-Regel Nr. 1: Nehme niemals einen Konsum-Kredit auf!

„Bestes" Beispiel bin ich. Bevor ich meine Frau traf, habe ich mir einen Jeep auf Pump gekauft. Ein fataler Fehler wie sich noch zeigen wird. Zum einen habe ich zu diesem Zeitpunkt über meine finanziellen Verhältnisse hinausgelebt, zum anderen war es ein „Werkstatt-Auto". Am Ende war ich jeden Monat im Minus und musste kräftig Dispozinsen zahlen. Jedenfalls hat mir dann meine Frau geholfen aus diesem Konsumkredit mit blauen Auge davon zu kommen. Letztendlich habe ich das Auto mit Verlust an den Händler zurückgegeben. Aber wenigstens war ich dann die teuren Werkstattaufenthalte und einen Spritfresser los. Was das anbelangt war mir dies eine Lehre.

Dafür ist der Kredit nicht gemacht. Im schlechtesten Fall ist das dann ein Teufelskreis, dem du schwer entkommst.

Finanz-Regel Nr. 2: Leihe dir nie Geld von deiner Verwandtschaft und Freunden

Wenn dein Unternehmen oder was auch immer schief geht, bist du dann auch deine Verwandtschaft und Freunde meistens los.

Finanz-Regel Nr. 3: Gebe jeden Monat mindestens 10% deines Einkommens auf die Seite

Wenn du dich mit Aktien auskennst, investierst du es besser oder kaufst dir eine Immobilie. Das klassische Sparbuch funktioniert schon lange nicht mehr. Wir haben z.B. auch ein Auto-Konto, Urlaubs-Konto, Spaßgeld-Konto, Eigenheim-Konto usw. Für uns passt diese Methode bisher. Probiere einfach aus, ob das auch die richtige Methode für dich ist.

Finanz-Regel Nr. 4: Übe dich im Verzichten

Ich bin beispielsweise sehr anfällig für Media-Markt oder Saturn-Prospekte. Deswegen schaue ich mir die Prospekte nicht mehr an, sondern werfe sie sofort weg, damit ich mir nicht Dinge kaufe, die ich nicht benötige. Carsten Maschmeyer gibt in seinem Buch „Die Millionärsformel" ganz gute Tipps wie man sich im Verzicht üben kann. Lese auch ruhig meinen Blogbeitrag dazu: http://janreichenbach.de/blog/2016/12/19/buchbesprechung-die-millionaersformel-von-carsten-maschmeyer/

Finanz-Regel Nr. 5: Kümmere dich selbst um deine private Altersvorsorge

Ich habe beispielsweise eine betriebliche Altersvorsorge abgeschlossen, an der auch der Arbeitgeber beteiligt ist. Es handelt sich um einen Aktienfond.

Finanz-Regel Nr. 6: Kaufe eine Immobilie

Wenn du genug verdienst, kannst du auch ein Eigenheim in Erwägung ziehen. In Metropolen wie Berlin, Leipzig, Dresden, Frankfurt, München, Hamburg, Köln, Nürnberg sind meistens zwei Gehälter dafür notwendig. Aber meiner Meinung nach ist dies besser als 1.500 € Miete für eine 95 Quadratmeter-Wohnung monatlich zu zahlen. Selbstverständlich könnte für dich dagegen der andere Weg, in Miete zu leben, der passende sein. Wir jedoch haben uns bewusst für ein Eigenheim entschieden. Natürlich haben wir versucht das Risiko zu minimieren.

Finanz-Regel Nr. 7: „Tracke" deine Finanzen

Ich habe ein Excel „Meine Finanzen 2018" erstellt, mit dem du deine Finanzen ganz einfach meistern kannst. Hier findest du das Excel-File zum Download:

http://janreichenbach.de/meine5saeulendeserfolgs.html

Natürlich kannst du dir auch professionelle Software dafür kaufen.

Finanz-Regel Nr. 8: Spar dir den Steuerberater!

Diese Regel solltest du aber nur anwenden, wenn du über entsprechende Kenntnisse verfügst. Für manche Menschen kommt das gar nicht in Frage.

Ich selbst z.B. habe die Steuer an meine Frau ausgelagert. Wir nutzen die Software „Taxman" für unsere Steuer. Doch ihre erste Lohnsteuer-Erklärung hat sie vom Steuerberater machen lassen. Danach wusste sie worauf es ankommt. Es gibt aber auch Lohnsteuerhilfe-Vereine die recht kostengünstig Hilfe dafür anbieten wie z.B. http://www.lohi.de/lohnsteuerhilfe.html

Wenn du natürlich selbständig bist, empfiehlt sich meistens ein Buchhaltungsbüro oder eben auch der Steuerberater.

Finanz-Regel Nr. 9: Schaff dir eine Putzhilfe an!

Ich kann in dieser Zeit mehr mit meinen Hobbies Geld verdienen als eine Putzhilfe kostet wie z.B. Bücher schreiben, Websites wie z.B. http://fernabi.de/ und Kurse erstellen etc. Außerdem stärkt es den Haussegen. Dazu musst du wissen, dass meine Frau ein schwäbischer Ordnungsfanatiker ist und ich nicht. Diesen Luxus der Putzhilfe gönnen wir uns vor allem auch, weil wir dann mehr Zeit für unsere Tochter haben.

Finanzregel Nr. 10: Outsource wo andere besser sind.

Ich habe mir z.B. für das Internetprojekt http://mba-nebenbei.de/ ein Design-Template von einem Design-Profi gekauft. Das hat sich schon nach kurzer Zeit ausgezahlt. Dies kannst du beliebig auf andere Bereiche übertragen.

Bleibe auf dem Laufenden

Ich empfehle dir den Finanzteil/Wirtschaftsteil deiner bevorzugten regionalen Zeitung regelmäßig zu lesen. Auch in Büchern findest du gute Tipps zur Altersvorsorge. Suche einfach mal nach Altersvorsorge auf Amazon. Sprich ruhig auch mit deiner Bank. Manchmal hilft auch ein Telefonat. Im Internet findest du auch hin und wieder interessante Websites zum Thema Finanzen.

3 interessante Links zum Thema Finanzen:

- https://www.stern.de/wirtschaft/geld/99-spar-tipps-die-besten-tricks-der-geizhaelse-3346466.html
- https://financer.com/de/finanztipps/nebenbei-geld-verdienen/https://financer.com/de/fi-nanztipps/nebenbei-geld-verdienen/
- http://www.businessinsider.de/wichtige-fi-nanztipps-fuer-menschen-in-zwanzigern-2016-4

Zuletzt noch ein Anreizsystem für dich, um dein Taschen-Geld aufzubessern. Meine Frau und ich zahlen uns jeden Monat 100 Euro Taschen-Geld aus. Wir nennen das Spaß-Geld. Damit kann jeder machen was er/sie will. Manchmal ist das aber schon knapp bemessen. Deswegen hat sich meine Frau ein Anreizsystem ausgedacht, um an zusätzliches Taschen-Geld zu gelangen. Für Tätigkeiten, die 15 Minuten dauern, gibt es einen Euro extra.

Bei uns sind folgende Tätigkeiten inbegriffen:

- Spülmaschine ein-/ausräumen
- Waschmaschine/Trockner ein-/ausräumen
- Müll wegbringen
- Zimmer aufräumen/staubsaugen
- Kind zum Kindergarten bringen bzw. abholen

Diese Liste kannst du nach Belieben ergänzen. Für uns funktioniert das Anreizsystem ganz gut. Dadurch treten meine Frau und ich in Wettbewerb, weil jeder scharf darauf ist sein Taschen-Geld aufzubessern, um eben mehr konsumieren zu können z.b. um ein Buch/Hörbuch oder eine BluRay zu kaufen.

Fazit

Ich hoffe, dir die fünf Säulen des Erfolgs: Gesundheit, Persönlichkeit, Menschen, Karriere und Finanzen näher gebracht zu haben. Jetzt liegt es an dir, ob du den größtmöglichen Nutzen daraus für dich ziehst. Das Prinzip ist meiner Meinung nach einfach aber gleichzeitig sehr effektiv und effizient, wenn du es richtig anwendest. Du solltest immer darauf bedacht sein, dass die Säulen langfristig weitgehend ausgeglichen sind. Natürlich ist es normal, wenn du bei einer Säule einmal schlechter aufgestellt bist als bei den anderen. Dann musst du eben das Ganze mit anderen Säulen ausgleichen und wieder etwas mehr für diese eine Säule tun. Die fünf Säulen sind ein lebenslanger Prozess.

Was kann ich noch empfehlen?

- Motivations-Tagebuch: Schreibe dir jeden Tag im Telegramm-Stil auf, was dir Gutes wiederfahren ist. In schlechten Zeiten kann dieses Buch enorm aufbauen und den Blick zum Guten wenden.

- Gebe niemals auf: Scheitern gehört zum Leben dazu. Gewinne dem immer die positive Seite ab z.B. „Wer weiß wozu das noch gut ist".

- Gebe immer dein Bestes in dem was du machst. Bitte nicht falsch verstehen, du sollst nicht zum „Workaholic" werden oder gar einem „Burnout" Vorschub leisten. Es geht darum, seine Arbeit so gut wie möglich zu machen.

- Suche den Kontakt zum Menschen. Gerade introvertierte Menschen sind gut beraten den Kontakt zu anderen Menschen zu suchen. Menschen sind gut und hilfsbereit. Probiere es aus! Lebe offline und nicht nur online.

- Kämpfe für dein Leben: Sowohl im privaten als auch im beruflichen wird einem nichts geschenkt. Du musst es dir erarbeiten. Viele Dinge die Spaß machen sind gleichzeitig mühselig und anstrengend z.B. Ski fahren. In jungen Jahren wirst du dafür vermutlich wenig Skitraining absolvieren müssen, je älter du wirst umso mehr. Wenn du beruflich vorwärtskommen willst, musst du dafür etwas tun wie z.B. harte Arbeit evtl. auch Überstunden, dich regelmäßig weiterbilden z.B. Zertifizierungen erwerben, dauerhaft gute Leistungen abrufen (Stichwort: „Lebenslanges Lernen"), unter Umständen den Arbeitsplatz oder auch Arbeitsort wechseln.

Ausblick

Überprüfe deine fünf Säulen des Erfolgs monatlich. Gehe dabei wie folgt vor:

- Datum
- Säule
- Schulnote
- Kommentar
- Nächstes Review

Beispiel

- Datum: 17.01.2018
- Säule: Gesundheit
- Schulnote: 4
- Kommentar: Das MRT hat ergeben, dass ich gezielt Rückengymnastik machen muss, weil bereits 2 Bandscheiben stark abgenutzt sind.
- Nächstes Review: 17.02.2018

Jetzt geht es weiter mit den Bonuskapiteln. Zuerst geht es um eine ausgewogene und abwechslungsreiche Ernährung.

Bonuskapitel Ernährung

Abbildung 8: Bonuskapitel Ernährung

Wie ihr euch sicherlich vorstellen könnt, habe auch ich mit meinem „Idealgewicht" als typischer Büromensch hin und wieder zu kämpfen. **Warum?** Na ja, Bewegungsmangel, ich esse und koche leidenschaftlich gerne, genieße Süßigkeiten und trinke auch mal ganz gerne ein Cola-Weizen. Und außerdem liebe ich es zu grillen …

Das führte dazu, dass ich Ende letzten Jahres ein Gewicht von 106 kg auf die Digitalwaage brachte und mir neue Klamotten kaufen musste. Und das ist bei Klamotten für Arbeit (Anzug und Hemd) und Freizeit nicht so billig. Bei mir persönlich war der Bauch das Problem – die typische „Weizen-Wampe" und das nicht nur des Cola-Weizens wegen. ☺ Außerdem fand ich es selbst auch nicht mehr sexy mit der Wampe mit meiner Tochter ins Schwimmbad zu gehen. Zudem wollte ich mit mir im Reinen sein und ja wieder attraktiv auf meine Frau wirken und mit gutem Beispiel als Vater im Hinblick aufs Essen bei meiner Tochter voranschreiten.

Ok, Problem erkannt. **Was habe ich dann gemacht?** Im Internet recherchiert, einen Online-Kurs gebucht und dann meinen Papa darum gebeten, der Arzt ist, zu prüfen, ob dieser Kurs seriös ist. Er hat mir dann gesagt, was gut und was weniger gut an dem Kurs ist und zusammen mit ihm habe ich es dann auf meine Bedürfnisse angepasst. Mein Papa hat mir dann noch Eiweiß, Kohlenhydrate und Fette erklärt und mir aufgezeigt was z.B. gute und schlechte Kohlenhydrate sind und warum auch diese als Energielieferant wichtig sind.

Übrigens die Erklärungen will ich euch nicht vorenthalten. Fündig werdet ihr am Ende diesen Bonuskapitels.

Jedenfalls habe ich dann Folgendes gemacht und dabei bis jetzt zehn kg abgenommen. Mein Ziel ist es langfristig auf 90 kg zu kommen. Momentan wiege ich ca. 96 kg. D.h. ich habe weiterhin noch ein Stück Arbeit vor mir. Aber für ein Jahr ist das schon gut und auch praktikabel, so findet es mein Umfeld als auch ich. Und der Hauptvorteil bei meiner Methode ist, es ist Praxis tauglich und man bekommt keinen sogenannten „Jo-Jo-Effekt", weil diese Methode dauerhaft in den Alltag aus Job & Familie und Hobbies integrierbar ist. Genaueres zum „Jo-Jo-Effekt" erfährst du hier: https://de.wikipedia.org/wiki/Jo-Jo-Effekt

Meine persönliche Ernährungs-Methode

Und hier meine persönliche Ernährungs-Methode mit der ich in einem Jahr dauerhaft zehn kg abgenommen habe, weil es praxistauglich ist:

- Ausgiebig aber clever dreimal am Tag essen, **weil ich bei fünf Mahlzeiten insgesamt mehr esse als bei drei Mahlzeiten.** Aber letztendlich musst du selbst entscheiden was für dich besser ist.
- Zum Frühstück keine Wurst essen, **weil ich den Fleischkonsum insgesamt reduzieren möchte.**

Deswegen esse ich z.B. Dinkel-Brötchen mit Aufstrich (Tomatenaufstrich, Honig, Marmelade usw.).

- An einem Tag in der Woche kein Fleisch essen, **weil ich es gut finde und mich dann wieder umso mehr darauf an den anderen Tagen freuen kann.**

- Zum Mittagessen ist alles erlaubt aber wenn möglich wenig und gute Kohlenhydrate zum Fleisch oder Fisch, **weil „schlechte" Kohlenhydrate einen hohen glykämischen Index haben, was zu einer Erhöhung des Blutzuckerspiegels und damit zu einer starken Ausschüttung von Insulin führt. Und dies wiederum führt zu einer Steigerung der Aufnahme von Glukose in den Muskel- und Fettzellen und reduziert damit den Fettstoffwechsel.**

- Zum Abendessen keine Kohlenhydrate essen, d.h. nach 17 Uhr keine Kohlenhydrate mehr essen, **weil sonst in der Schlafphase der Fettstoffwechsel reduziert wird.**

- Nach 20 Uhr gar nichts mehr essen, **weil dass sich bei mir eingebürgert hatte. Schließlich braucht der Körper ja Zeit zum Verdauen. Ich empfehle drei Stunden vor dem Schlafen gehen nichts mehr zu essen. Natürlich musst du das an deine „Schlafenszeit" anpassen.** ☺

- Ich verzichte weitgehend auf Weizenprodukte, **weil das darin enthaltene Gluten dick machen** kann. Ja, ich weiß, das ist gar nicht leicht umzusetzen. Ich empfehle eine Dinkel-Bäckerei in der du neben Dinkel- auch Vollkorn-/Roggen und Eiweißsemmeln etc. kaufen kannst.

- Ich esse Süßigkeiten und trinke Alkohol nur am Wochenende in geringen Mengen, auf diese Weise habe ich eine bessere Kontrolle darüber. **Bitte nicht so verstehen, dass du am Wochenende alles nachholst was du unter der Woche versäumt hast!** ☺

- Wer Zeit und Lust hat, kann auch selber Brot backen. Das selbst gebackene Brot meines Schwiegervaters ist hervorragend.

- Schweinefleisch nur wenig essen, **weil es in der Regel mehr Fett hat als Geflügel, Fisch oder Rind. Klar, es kommt natürlich auch darauf an, was ich vom Schwein esse. Schweine-Filet ist z.B. „gutes" Schweinefleisch.**

- Bevorzugt weißes Fleisch z.B. Huhn, Pute essen, **weil es das Risiko auf Herz-Kreislauferkrankungen und Krebs mindert.**

- Nur so viel essen, wie man Hunger hat, **weil man dann weniger Kalorien zu sich nimmt.**
Wenn man keinen Hunger mehr hat, einfach aufhören. Klingt einfach, ist es aber nicht. Das benötigt häufige Übung. Zumindest bei Kleinkindern kann man dieses aus meiner Sicht „Ideal-Essens-

verhalten" gut beobachten. Klar, wenn sie puber-
tieren dann bitte nicht mehr am Kind orientie-
ren. ☺

- Empfehlenswert ist, nur kleine Packungen zu
kaufen und auf kleinen Tellern zu essen, **weil du
dann weniger isst.** Psychologisch ist von Vorteil
wenig einzukaufen, weil du nur das essen kannst
was vorhanden ist.

Für die weil ... findest du auf den nächsten Seiten Links
zu ausführlichen Erklärungen aufgelistet.

Warum es für mich funktioniert?

- Meine Familie/Freunde/Arbeitskollegen unterstützen mich – für mich ganz entscheidend. So
macht meine Frau oft auch mit und verzichtet
am Abend ebenfalls auf Kohlenhydrate. Das vereinfacht das Ganze natürlich.

- Es ist gut in den Alltag zu integrieren z.B. Ich
gehe mittags mit Arbeitskollegen meistens in die
Kantine – das lasse ich mir auch nicht nehmen,
schließlich bedeutet das auch Netzwerken. Außerdem habe ich keine Lust alleine essen zu gehen. Zusammen macht essen mehr Spaß. Natürlich gibt es da nicht nur gesundes Essen. Aber das
ist Willensstärke.

- Man kann auch mal einen Burger verspeisen o-
der ein Bier trinken gehen ohne ein schlechtes

Gewissen zu haben, weil pro Woche eine Ausnahme möglich ist. Schließlich will man ja auch leben. Nur sollte es eben nicht dauernd Ausnahmen geben! ☺

- Und wenn es mal nicht klappt, d.h. man Fressattacken bekommt, dann eben „Schwamm" drüber und erneut los legen. Ich habe nicht behauptet, dass man nicht „kämpfen" muss.

- Weil ich das Ganze mit Bewegung und Sport kombiniere sehe ich schneller Erfolge. Klar ist aber auch, dass du dir Zeit nehmen musst - lebenslang. Bis du Erfolge siehst und spürst vergehen vielleicht ein bis zwei Monate. Und bedenke, die ersten drei kg die du abnimmst sind fast ausschließlich Wasser-, kaum Fettverlust.

- Samstag und Sonntag esse ich Süßigkeiten, in vorher bewusst begrenzter geringer Menge. Die gelungene Begrenzung ist für mich Erfolg, nicht Verzicht! Damit fahre ich sehr gut.

Ernährung-Links und Erklärungen

Da ich die Weisheit nicht mit Löffeln gegessen habe, nutze ich natürlich auch externe Quellen aus dem Internet. Bitte trotzdem kritisch bleiben und auch daran denken, dass sich die Medizin und Forschungsergebnisse weiterentwickeln oder auch ändern können.

Was versteht man unter Kohlenhydrate?

https://de.wikipedia.org/wiki/Kohlenhydrate

Was ist Eiweiß?

https://de.wikipedia.org/wiki/Protein

Was sind Fette?

https://de.wikipedia.org/wiki/Fette

Unterschied zwischen gesättigten und ungesättigten Fettsäuren?

https://de.wikipedia.org/wiki/Fetts%C3%A4uren

Gute Kohlenhydrate sind z.B.

+Grüne Gemüsesorten, wie Spinat

+Nüsse, wie Walnüsse & Pistazien

+Obst, wie Bananen & Weintrauben

+Vollkorn-Nudeln und -Reis & Kartoffeln

+Bohnen, Bulgur & Hirse

+Vollkornbrot & Haferflocken

+Soja-Produkte

Schlechte Kohlenhydrate sind z.B.

-Raffinierter Zucker: Schokolade, Süßes

-Weißmehl: Kuchen, Brötchen, Weißbrot

-Weizenprodukte: Pizza, Pasta

Quelle: http://www.fuersie.de/gesundheit/abnehmen/artikel/gute-und-schlechte-kohlenhydrate#page1

Warum Kohlenhydrate ein Energielieferant sind?

https://eatsmarter.de/thema/kohlenhydrate/kohlenhydrate

Warum man nur wenig Schweinefleisch essen sollte?

Um Irrtümern vorzubeugen. Ich esse selbst gerne Schweinefleisch, aber ich esse mittlerweile weniger davon.

Hier findest du eine ausführliche Erklärung dazu, warum zu viel Schweinefleisch schädlich sein kann:

http://www.gesundheitlicheaufklaerung.de/schweinefleisch-und-gesundheit

Hier findest du einen Artikel, warum Schweinefleisch nicht pauschal schlecht ist. Man muss wie so oft im Leben differenzieren:

http://www.alternativ-gesund-leben.de/ist-schweinefleisch-ungesund-wenn-ja-warum/

Was ist weißes Fleisch?

Bei Wikipedia gibt es einer Meinung nach gute Erklärung dazu: https://de.wikipedia.org/wiki/Fleischsorte

Beispiele für rotes und weißes Fleisch und was das Risiko von rotem Fleisch sein kann:

Rotes Fleisch:
- Rind- und Kalbfleisch
- Schweinefleisch
- Schaf- und Lammfleisch
- Ziegenfleisch

- Pferdefleisch
- Kaninchenfleisch
- Wildbret: Hirsch- und Rehfleisch
- Wildschweinfleisch
- Hasenfleisch

Weißes Fleisch:
- Geflügel
- Hühnerfleisch
- Truthahnfleisch (Putenfleisch)
- Gänsefleisch
- Entenfleisch
- Taubenfleisch
- Wildgeflügel: Wildentenfleisch
- Fasanenfleisch
- Rebhühnerfleisch
- Straußenfleisch
- Perlhühnerfleisch
- Wachtelfleisch

Quelle: http://board.netdoktor.de/beitrag/warum-ist-weisses-fleisch-gesuender-als-rotes-fleisch.146979/

Warum man abends keine Kohlenhydrate mehr essen sollte?

https://www.apotheken-umschau.de/Abnehmen/Ab-nehmen-Abends-keine-Kohlenhydrate-128403.html

Warum es gut ist, weniger Weizenprodukte zu essen?

http://www.fitforfun.de/abnehmen/diaeten/glutenfrei-weizen-weg-fuers-wunschgewicht_aid_12337.html

Warum sollte man bei Süßigkeiten und Alkohol nicht übertreiben?

http://www.wochenendspiegel.de/alkohol-kaffee-und-suesses-wie-gesundheitsschaedlich-sind-sie-wirklich/

Warum du isst, obwohl du keinen Hunger hast?

https://www.marathonfitness.de/emotionales-essen/

Warum 3 Mahlzeiten pro Tag gut sind?

http://www.fitforfun.de/sport/laufen/laufen-fuer-anfa-enger/fatburning-drei-mahlzeiten-am-tag-opti-mal_aid_9323.html

Das nächste Bonuskapitel befasst sich mit Arbeitslosigkeit.

Bonuskapitel: Arbeitslosigkeit oder wie es dazu erst gar nicht kommt

Abbildung 9: Bonuskapitel Arbeitslosigkeit

Arbeitslos kann jeder werden. Ich war bisher dreimal arbeitslos. Einmal weil ich diesen Schritt machen musste, da ich andernfalls kein Fördergeld für mein Unternehmen in Anspruch hätte nehmen können, das zweite Mal selbst verschuldet (Ich habe selber gekündigt und dann eine dreimonatige Sperrfrist für Arbeitslosengeld von der Arbeitsagentur bekommen) und das dritte Mal unverschuldet. Es gab kein weiteres Projekt mehr von der Zeitarbeitsfirma. Beim ersten Mal war ich vier Wochen arbeitslos, beim zweiten Mal vier Monate und beim dritten Mal sechs Monate. Am Schlimmsten ist es, wenn es unverschuldet eintritt und du sehr gut qualifiziert bist, es aber trotzdem nicht sofort mit einem gut bezahlten Job klappt. Jedenfalls hatte das meine Psyche vorübergehend angeknackst. Gott sei Dank wurde ich dann doch noch fündig.

Was habe ich aus meinen Arbeitslosigkeiten gelernt?

1. Kündige erst dann deinen Job, wenn du bereits einen Neuen sicher hast. Andernfalls bekommst du zurecht auch eine Sperrfrist von der Arbeitsagentur von drei Monaten. Überlege dir das gut.

2. Verschaffe dir ein finanzielles Polster von mindestens sechs Monaten. Dieser Zeitraum ist für gut bezahlte Jobs nicht ungewöhnlich. D.h. um dein letztes Gehaltsniveau zu halten oder zu toppen, benötigen viele Menschen (besonders oft Akademiker) mindesten sechs Monate um etwas Gleichwertiges oder Besseres zu finden.

3. Checke regelmäßig die Job-Börsen auch um zu sehen, welche Qualifikationen und Kenntnisse in deinem Bereich neuerdings gefragt sind.

4. Bewerbe dich regelmäßig, dann kommst du auch nicht aus der Übung und hast immer einen aktuellen Lebenslauf und Anschreiben. Sei dir bitte immer bewusst dass sich die Anforderungen für Anschreiben/Lebenslauf von Jahr zu Jahr ändern können ähnlich wie bei der Mode. Nutze die Tipps dazu auf den großen Stellenbörsen wie Stepstone.de, Monster.de usw.

5. Fordere regelmäßig Arbeitszeugnisse von deinem Arbeitgeber ein. Musst du ja ohnehin beifügen, wenn du dich auf einen neuen Job bewerben willst. Kannst du auch gut für die nächste Gehaltsverhandlung nutzen (wenn es gut ist).
6. Melde dich sofort arbeitslos bei der Arbeitsagentur, sobald du davon erfährst, so dass du keine Sperrfristen und Geldverlust riskierst. Nutze auch die Möglichkeit dich durch die Arbeitsagentur weiterzubilden. Frage beispielsweise nach Bewerbertrainingsprogrammen.
7. Gehe regelmäßig auf Fortbildungen oder besuche auch Onlinekurse etc. Wenn dein Arbeitgeber das nicht zahlt, mach es trotzdem. Glaub mir, es zahlt sich immer aus.
8. Nimm unter Umständen vorübergehend auch einen schlechter bezahlten Job in Kauf. Es ist besser, einen schlechter bezahlten Job zu haben als gar keinen – vor allem psychologisch betrachtet. Meine Faustregel für den nächsten Job ist trotz alledem immer +- 10%.
9. Vernetze dich mit all deinen ehemaligen und aktuellen Arbeitskollegen auch online auf Xing oder LinkedIn. Wer weiß, vielleicht können sie dir weiterhelfen, wenn du auf Jobsuche bist.
10. Nutze Metasuchmaschinen für deine Jobsuche wie z.B. https://www.jobrobot.de/

Wie verhindert man Arbeitslosigkeit?

Sehe dir noch mal meine zehn genannten Punkte an. Empfehlenswert ist aber auch folgendes:

1. **Gesund bleiben:** Mache regelmäßig Sport und bewege dich so viel wie möglich und lebe möglichst gesund. Evtl. empfiehlt es sich auch seine Ernährung umzustellen. Klar vor Schicksalsschlägen ist niemand sicher.

2. **Gebe immer dein Bestes.** Gründe habe ich bereits genannt.

3. **Sei proaktiv im Job.** Zeige Initiative und mach regelmäßig auch Vorschläge wie etwas verbessert werden kann. Das kommt immer gut an. Sei pünktlich zu Calls und Meetings.

4. **Unterstütze deine Arbeitskollegen** z.B. durch Schulung oder Erklärungen.

5. **Nimm aktiv an Firmen-Events daran teil.** Macht Spaß und ist auch eine gute Team-Building-Maßnahme.

6. **Gehe mitunter strategisch Mittagessen** mit unterschiedlichen Menschen aus deinem Unternehmen. Dadurch bleibst du nicht nur auf dem Laufenden, sondern vernetzt dich auch.

7. **Poste Artikel, Tutorials** im Intranet.

8. **Small Talk** mit deinen direkten Kollegen ist absolute Pflicht. Sorgt für gutes Arbeitsklima.

9. **Organisiere selbst Events**, z.B. Fußballspiele oder Skifahrten, wenn es so etwas nicht in deiner Firma gibt.

10. **Bringe Kuchen oder belegte Semmeln zu deinem Geburtstag in die Firma mit.** Beteilige dich auch an Mitarbeitergeschenken, wenn dir die Kollegen sympathisch sind.

Und was ist wenn ich trotzdem arbeitslos werde?

Dann beherzige meine genannten Tipps und sei proaktiv bei der Jobsuche. Nutze vor allem auch dein aufgebautes Netzwerk. Als Lese-Tipp empfehle ich dir zudem: „Persönlicher Erfolg: In 90 Tagen aus der Arbeitslosigkeit. Schritt für Schritt zum neuen Job" von Hans-Georg-Willmann.

Drei Links zum Thema Raus aus der Arbeitslosigkeit

- http://www.arbeitstipps.de/raus-aus-der-arbeitslosigkeit-7-punkte-plan-erhoeht-jobchancen.html
- http://www.sueddeutsche.de/karriere/raus-aus-der-arbeitslosigkeit-nur-nicht-verunsichern-lassen-1.1013441
- https://www.karriere.at/blog/raus-aus-der-arbeitslosigkeit.html

Literaturverzeichnis

- Benneckenstein Heidi, Ein deutsches Mädchen: Mein Leben in einer Neonazi-Familie, Tropen Verlag, 2017.
- Bücher Norman, Extrem: Die Macht des Willens, Goldegg Verlag, 2011.
- Hambüchen Fabian, Den Absprung wagen: Stürzen, aufstehen, siegen lernen, Ariston Verlag, München, 2017.
- Willmann Hans-Georg, Persönlicher Erfolg: In 90 Tagen aus der Arbeitslosigkeit. Schritt für Schritt zum neuen Job, Cornelsen Verlag Scriptor, 2010.
- Maschmeyer Carsten, Die Millionärsformel: Der Weg zur finanziellen Unabhängigkeit, Ariston Verlag, 2016.
- Murphy Joseph, Die Macht Ihres Unterbewusstseins: Das Suggestionsprogramm, Ariston Verlag, München, 2015.
- Schwarz Hubert, Power of Mind: Entdecken Sie die Kraft Ihres Willens!, Südwest Verlag, 2002.
- Schweizer Jochen, Der perfekte Augenblick, Ullstein Taschenbuch, 2017.
- Ziglar Zig, Born to Win, Made for Success Pub, 2017.

Abbildungsverzeichnis

Danksagung

Leser

An dieser Stelle möchte ich mich ganz herzlich bei dir bedanken, dass du „Meine 5 Säulen des Erfolgs" gelesen und hoffentlich durchgearbeitet hast. Ich würde mich freuen, wenn du mein Buch weiterempfiehlst und auch bewertest, d.h. eine Rezension schreibst.

Ich plane auch ein Hörbuch und einen Videokurs „Meine 5 Säulen des Erfolgs" herauszugeben. Die Termine erfährst du auf meiner Website:

http://janreichenbach.de/meine5saeulendeserfolgs.html

Dort kannst du dich natürlich auch für meinen unregelmäßig erscheinenden Newsletter anmelden.

Familie

Liebe Barbara, lieber Papa, ganz herzlichen Dank für eure konstruktive Kritik und das Korrektur lesen. Barbara, vielen Dank auch für das Erstellen des Säulenbilds!

Vielen Dank auch an meine Mama und meine Tochter!

Zeitfracht Medien GmbH
Ferdinand-Jühlke-Straße 7
99095 Erfurt, Deutschland
produktsicherheit@kolibri360.de